7
Lk 1184.

GRATUITÉ

DU

PASSAGE SUR LA GARONNE

A BORDEAUX

DÉCRET DE NAPOLÉON 1er.

Voulant donner à notre ville de Bordeaux une preuve particulière de l'intérêt que nous lui portons, et de notre satisfaction pour les sentiments patriotiques qui l'animent, et pour le courage et la dignité avec lesquels elle supporte les privations que les circonstances imposent plus spécialement à ses habitants et à son commerce, qu'à tout autre partie de notre empire.

Ayant reconnu par nous-même les besoins de toute espèce, qu'éprouve cette commune, une des plus importantes de nos Etats ; voulant que tous les établissements *nécessaires lui soient donnés;* que ceux qui existent soient perfectionnés ; qu'un hôpital proportionné à sa population soit fondé dans ses murs, et que ses COMMUNICATIONS *soient facilitées et améliorées,* etc., etc.

1808.   NAPOLÉON 1er.

BORDEAUX.

RAGOT, rue de la Bourse, 11-13.

1858.

GRATUITÉ

DU

PASSAGE SUR LA GARONNE

A BORDEAUX

DÉCRET DE NAPOLÉON I".

Voulant donner à notre ville de Bordeaux une preuve particulière de l'intérêt que nous lui portons, et de notre satisfaction pour les sentiments patriotiques qui l'animent, et pour le courage et la dignité avec lesquels elle supporte les privations que les circonstances imposent plus spécialement à ses habitants et à son commerce, qu'à tout autre partie de notre empire.

Ayant reconnu par nous-même les besoins de toute espèce, qu'éprouve cette commune, une des plus importantes de nos Etats ; voulant que tous les établissements *nécessaires lui soient donnés;* que ceux qui existent soient perfectionnés, qu'un hôpital proportionné à sa population soit fondé dans ses murs, et que ses COMMUNICATIONS *soient facilitées et améliorées,* etc., etc.

1808. NAPOLÉON 1".

Si le péage du pont de Bordeaux doit durer, comme cela est plus que probable, jusqu'en 1921, époque de l'expiration de la loi de concession du 10 avril 1818, la génération actuelle aura peu de chances de profiter jamais de la gratuité du passage sur la Garonne; l'annexion de la Bastide à Bordeaux, que l'intérêt politique et commercial rend chaque jour plus nécessaire, est aussi ajournée à une époque éloignée au préjudice de fort grands intérêts.

Ce sera donc en vain que le Conseil municipal de Bordeaux aura déclaré, dans ses séances du 31 août 1853 et 31 mai 1858, vouloir racheter le péage du pont, et qu'il aura offert au Gouvernement de s'y intéresser pour le quart de la dépense, puisque la chose paraît impossible à faire aujourd'hui sans avoir à vaincre des difficultés tellement grandes qu'elles équivalent à une impossibilité. Il est, en effet, bien triste de nos jours, lorsque de toutes parts le mot impossible a été rayé du dictionnaire, lorsque des questions plus graves de locomotion ont pu être tranchées à force d'argent, et quand presque tous les ponts de France établis près ou même loin des villes importantes ont été affranchis de tout péage, qu'il n'y ait aucun moyen d'obtenir immédiatement, et même à prix d'argent, l'expropriation du pont de Bordeaux, sans avoir en même temps obtenu d'avance le consentement de l'unanimité des actionnaires à cette mesure, ce qui est tout simplement impossible à faire, puisqu'il appartient en partie à des mineurs, des interdits, des veuves et des entêtés. Cette impossibilité d'exproprier d'ailleurs le péage du pont résulte des termes formels des statuts du 17 novembre 1817, convertis en loi, qui lient entre eux les actionnaires et l'Etat. Il faudrait, sans contredit, une loi nouvelle expresse dans ce but pour modifier cela ; or, le Gouvernement sera peu disposé à présenter une pareille loi au Corps législatif, avant que l'unanimité des actionnaires eux-mêmes le lui eussent demandé et que la somme de 3 à 4 millions, nécessaire à ce but, fût réunie. La loi d'expropriation existante ne s'appliquant qu'aux immeubles et pour une cause d'utilité publique qui n'existe pas dans l'espèce, il est naturel de ne plus chercher à modifier le contrat de concession du pont et d'agir dans un autre sens avec efficacité pour obtenir la gratuité du passage sur la Garonne en faveur du public. On pourra le faire par d'autres moyens que le rachat du péage. Il faudrait agir d'après le système adopté par l'Etat dans des circonstances analogues, c'est-à-dire se proposer la construction d'un nouveau pont. Nous pouvons citer Paris, Lyon, Tours, Nantes, Agen, Bayonne, Beaucaire, Libourne, Laubardemont, etc., etc., où de nouvelles concessions de ponts ont été autorisées en faveur du public ou des chemins de fer au préjudice des anciens concessionnaires. Pourquoi n'en serait-il pas de même à Bordeaux ?.... Un pont suspendu établi sur la place de Graves, près la rue des Faures, en face de la rue de Bénauge à la Bastide, pourrait être construit au moyen d'une somme de deux millions de francs au plus, sans occasionner de perturbation ni le moindre trouble au régime du fleuve, à l'existence du port maritime et à la navigation fluviale, à l'existence des chantiers de construction de Paludate, etc., etc.

Un pont construit dans ce lieu serait sans doute moins central que s'il était établi au Chapeau-Rouge ou aux Quinconces ; mais, vu l'impossibilité de l'établir plus bas sans risquer de couper en deux le port commercial, ou sans craindre de rendre inutile à l'avenir la dépense faite aux quais verticaux, il vaut mieux l'établir à la Grave, malgré son éloignement du centre. Il faudra donc accepter cette situation ; d'ailleurs, la gratuité du passage sera un attrait bien vif pour la population ouvrière de la ville et des campagnes pour les besoins de laquelle il aura été construit.

Ce pont, qui pourrait avoir deux trottoirs et plusieurs voies charretières, placé au centre de la Bastide, appelée à devenir un jour le plus beau faubourg de Bordeaux, profiterait aussi de toutes les améliorations exécutées aux frais de l'Etat qui ont été établies depuis 35 ans au profit du pont de pierres, et qui ont rendu cette opération si avantageuse à des actionnaires dont le contrat social augmente les prétentions aujourd'hui.

Il est vrai que la construction d'un deuxième pont sur la Garonne offrant gratuitement le passage au public, sera l'objet d'une critique vive et passionnée; on y trouvera des difficultés d'exécution, et surtout on y verra des obstacles à raison de la concurrence qu'il fera au pont de pierres dont il serait rapproché.

Cet établissement serait formé contre le vœu et au préjudice des intéressés au péage du pont actuel dont les actionnaires seront injustement spoliés!.... On ne manquera pas surtout d'ajouter, au point de vue de l'existence du port, du régime du fleuve et de la construction des navires, que les industries qui en dépendent seront sacrifiées par ce projet.

On dira que la gratuité du passage sur la Garonne serait une bonne chose, sans doute, mais qu'elle perdrait son mérite s'il fallait l'acheter au prix de trop grands sacrifices, comme la conservation du port de Bordeaux; que, dans ce cas, mieux vaudrait demeurer dans le *statu quo* et supporter un péage qui n'est pas au fond très exagéré pour ceux qui passent sur le pont, qui n'est même qu'une entrave légère à la circulation, et qui, enfin, doit être respecté, car ce péage a été concédé en 1818, dans un temps de défiance, à des actionnaires confiants, agissant de bonne foi, dont il serait injuste de les dépouiller aujourd'hui, lorsqu'ils ont exactement tenu tous leurs engagements envers l'Etat. Mieux vaudrait leur faire un pont d'or, comme on dit vulgairement, et les décider, par la largeur de l'indemnité dont il est juste que le Gouvernement fasse en entier les frais, à consentir amiablement à une expropriation du péage du pont qui dispenserait ainsi de la construction d'une passerelle impossible à établir sans dommages, si près du vieux pont. D'ailleurs, le vieux pont est établi sur la route du midi au nord de la France. Napoléon Ier voulut le livrer gratuitement au public : les malheurs publics l'en ont empêché ; il faut à présent que le Gouvernement en paie tous les frais. Voilà la série des objections principales auxquelles la réplique est plus loin.

Nulle loi, ordonnance ou promesse de la part de l'Administration n'a engagé l'avenir ni fait croire aux actionnaires du pont de Bordeaux que la construction d'un ou plusieurs autres ponts à établir sur la Garonne est incompatible avec la concession du 10 avril 1818. Dire le contraire est le produit d'une erreur qui s'est propagée sans fondement ; le Gouvernement ne s'est donc point interdit de concéder un ou plusieurs ponts à une distance moindre de 300 mètres de l'ancien. Il a été, au contraire, reconnu, par des arrêts du conseil d'Etat, que la construction d'un pont peut avoir lieu à toute distance d'un passage déjà concédé, à moins de conventions contraires ; mais il n'y a point de réserve de ce genre au préjudice du public dans les statuts du pont de Bordeaux ; donc, il y a liberté pour tout le monde. Ce cas s'est présenté trop souvent pour qu'il puisse être contesté, même en agitant la question de bonne foi !... D'ailleurs, les maîtres de postes et les messageries n'ont reçu aucune indemnité lors de la concession des chemins de fer.

Le contrat de concession du pont, converti en loi du 17

novembre 1817, est un acte solennel qu'il est impossible de rompre sans réunir le consentement de l'unanimité des actionnaires. Il a prévu les cas principaux : l'Etat s'est engagé à supporter les éventualités de non jouissance du péage et même celles où son produit ne pourrait atteindre le minimum de 190,000 fr. par an, jusqu'à la fin de la concession.

Qui peut affirmer que le pont de pierres ne donnera pas à ses actionnaires les mêmes produits qu'il leur donne aujourd'hui, s'il est obligé, à raison de la concurrence, de réduire son tarif?

Aujourd'hui, il prélève sur le public, avec un tarif élevé, 420,000 fr., sur lesquels les actionnaires reçoivent au plus 260,000 fr., déduction faite des parts à compter à divers, soit environ 105 à 106 fr., au lieu de 82 fr. garantis par l'Etat pour chaque action.

Il est plus que probable qu'en réduisant le tarif dans une forte proportion, s'il s'agit de lutter contre la concurrence d'un autre pont voisin, il produira au moins la somme de 190,000 fr., qui lui a été garantie, à raison de sa proximité du centre de la ville et des habitudes prises ; mais il ne pourra cependant pas abaisser son tarif au-dessous d'un certain chiffre. Le minimum de revenu garanti lui permettra de payer près de 6 p. 100 sur 1,500 fr. de valeur, à des actions émises au prix de 1,000 fr., et qui n'en valent pas plus de 1,450 à la Bourse d'aujourd'hui, quoiqu'elles soient montées jusqu'à 2,300 fr. Ce fait seul démontre qu'il y a inexactitude à parler de *spoliation* ; il y aura donc justice à donner au public les moyens de jouir d'une nouvelle passe ou construction qui fera cesser un privilège exorbitant et qui favorisera non-seulement le commerce et la circulation, mais qui permettra un jour l'annexion de la Bastide à Bordeaux dont la police d'une grande cité et le commerce maritime réclament la prochaine exécution.

Il y a certainement, on ne peut le nier, dans le mouvement établi sur les deux rives de la Garonne, aliment pour l'entretien des deux ponts.

Ainsi, dans l'état actuel des choses, le produit du passage monte à 420,000 fr.; mais l'augmentation de la circulation, amenée par une forte réduction des prix (ainsi que l'expérience l'a démontré), maintiendra le produit des ponts aux 3/4 du chiffre d'aujourd'hui, soit à 315,000 fr. au moins. Si cette vérité nous est accordée sans conteste, le surplus de notre tâche sera facile à accomplir.

Des objections graves, celles faites en vue de l'existence du port, du régime du fleuve, qu'on ne veut pas compromettre, la construction des navires en Paludate et la conservation des industries qui en dépendent, nous intéressent davantage; nous allons y répliquer d'abord.

S'il s'était agi d'un pont à construire en pierres à côté du pont actuel, ces objections pourraient être graves; mais il s'agit d'un pont suspendu, avec piles de petite épaisseur, fondées à de grandes distances les unes des autres; ces piles offriront ensemble moins d'obstacles au courant que ne pourront le faire celles du pont de pierres. Le régime du fleuve ne pourra donc subir la moindre modification par ce fait, tandis que la largeur des travées (3 suffiront) offrira la plus grande facilité au passage des plus grands navires sous vapeur et sous voiles, comme aussi aux navires lancés des chantiers de Paludate, tous placés à plus de 400 mètres au-dessus du pont suspendu. Ainsi, le lancement des navires ayant lieu constamment à l'eau montante, ils tendent à s'éloigner plutôt qu'à se rapprocher du pont. Un espace de 200 mètres entre les deux ponts, à raison de la largeur des travées, ne nuira pas à la navigation fluviale !

Le *statu quo* et le maintien du tarif du passage du pont actuel jusqu'en 1921, qu'on peut croire faciles à conserver, ne pourront l'être facilement, vu l'augmentation des affaires, de la population et de la circulation publique, et la gêne que le pont apporte à toutes les petites transactions.

Le pont actuel est fort encombré; il suffit à peine aux besoins du public dans un moment donné. Tandis qu'il n'est pas douteux qu'il est un obstacle à la circulation, à l'annexion de la Bastide et à l'extension de Bordeaux sur l'autre rive, il serait cependant nécessaire, dans l'intérêt des classes laborieuses qui cherchent des logements à bas prix près de leurs industries et des quais, mais qui ne peuvent plus en trouver à proximité du fleuve dans le périmètre de la ville, de leur permettre de traverser sur l'autre rive, où l'air et l'espace ne manquent pas, pour s'y établir sans grever leur petit budget d'une charge trop lourde. Le passage *quasi gratuit* comme on se propose de l'établir sur le pont de la Grave, c'est-à-dire à 0 fr. 04 c. par piéton, 0 fr. 10 c. par charriot et toute voiture non chargée, et 0 fr. 20 c. par charrette ou voiture chargée, ne sera plus considéré comme un obstacle, puisque la gratuité complète pourra, dans 5 ou 6 ans au plus, être entièrement accordée au public, dès que l'amortissement du capital emprunté aura été remboursé aux prêteurs.

Ceux qui ont acheté des actions du pont actuel de 1,000 fr. à 1,400 fr., comme l'ont fait le plus grand nombre, ne perdront rien à la construction d'un deuxième pont; ainsi, le mot *spoliation* ne pourra plus être invoqué avec raison.

L'Etat a autorisé sur le Rhône la construction d'un pont à côté de celui concédé à la Compagnie anonyme du pont de Beaucaire. Il est placé à moins de 400 mètres du précédent, qui n'avait reçu cependant aucune subvention à l'époque de sa construction. Pourquoi ne pourrait-on pas en faire autant à Bordeaux, à côté du pont de pierres, qui a reçu, lui, des garanties complètes contre toute concurrence relativement à ses recettes.

Le *statu quo* ne peut durer longtemps, car l'union de Cenon-Labastide à Bordeaux, réclamée depuis si longtemps, est un besoin public à satisfaire. Elle ne pourra jamais avoir lieu sans la gratuité du passage; il vaudrait mieux alors céder immédiatement à la puissance de l'opinion et à l'intérêt général qui réclament la gratuité du passage sur la Garonne.

Quant au régime du fleuve qu'on craint d'altérer, il ne subira aucune entrave d'un deuxième pont établi à la Grave, puisque la même quantité d'eau remontera sans obstacle dans le fleuve après comme avant, entre des travées de grande largeur. Les quais verticaux et la construction de la digue de la Souys ont occasionné au fleuve un rétrécissement beaucoup plus grand que ne fera jamais la construction d'un deuxième pont, en face la place de la Grave.

Qu'on invoque d'ailleurs l'opinion d'une *Commission nautique* MIXTE composée de marins, de savants et d'ingénieurs de l'Etat, pris tous *hors de Bordeaux ;* on aura la certitude du fait qui est avancé ci-dessus, c'est-à-dire que le port ne sera point envasé par la construction d'un pont suspendu.

On pourrait faire coïncider les travées du pont neuf avec les piles du pont de pierres, de façon à ne point couper le fil du courant ni enrayer sa course rapide.

La conservation du port et celle des chantiers de construction ne pourront donc être compromises, car l'eau venant du côté de la mer remplit le port plutôt que celle qui descend la rivière; l'obstacle étant placé au-dessus du courant et non au-dessous de son arrivée, l'argument basé sur la ruine du port se trouverait sans valeur.

Si le Gouvernement voulait supporter les frais du rachat du péage du pont de pierres et que les actionnaires fussent d'accord *unanimement* au prix offert par l'Etat, on pourrait se dispenser de construire à la vérité un deuxième pont; mais c'est là le nœud gordien de la question qu'il faut rompre, et l'impossibilité actuelle de la résoudre semble flagrante; cela donne la mesure alors des difficultés accumulées à sa solution par un moyen autre que celui de construire un deuxième pont pour le public.

L'Etat ayant payé pour construire le pont de pierres environ 4 à 5 millions de plus qu'il n'a reçu en prêt des actionnaires pour l'achever, puisqu'il a coûté environ 6 à 7 millions; l'Etat ayant payé en outre pendant une vingtaine d'années à ces mêmes actionnaires prêteurs une somme de...... pour garantie de revenu, reçoit aujourd'hui, à la vérité, de la compagnie du pont, depuis 12 à 15 ans, sa part de l'excédent du produit, d'accord avec les statuts; mais consentira-t-il à payer une deuxième fois 4 millions de francs pour racheter le péage, lorsqu'il a déjà payé cette somme une fois pour achever le pont? Il est douteux que l'Etat paie les frais du rachat.

La ville de Bordeaux, suivant sa délibération du 31 août 1853, a offert de contribuer au rachat du péage pour le quart à la dépense; évalué de 11 à 1,200,000 fr. environ.

Un pont sur la place de Graves coûtera tout au plus 2,000,000, sur lesquels le Conseil général et la ville accorderont, sans doute, en subvention......... 1,500,000 fr.
Il resterait donc à emprunter................. 500,000 fr.
pour achever le pont proposé. Cette somme pourrait être amortie au moyen d'un léger péage, à 0 fr. 04 c. pour les piétons et 0 fr. 10 c. et 0 fr. 20 c. pour les charrettes et voitures chargées ou non chargées. Le péage produirait au moins 100,000 fr. net par an, qui amortiraient 500,000 fr. à 5 p. 100 l'an en cinq ans et onze mois; après ce terme, le pont serait livré gratuitement à la circulation publique. On pourrait même le faire plus tôt au moyen d'une loterie qui serait émise au prix de 1 franc le billet, et qui produirait facilement la somme de 500,000 fr. nécessaire plus ou moins pour former le complément de la dépense du pont suspendu, en sus des sommes offertes par la ville et le conseil général. L'émission des billets de cette loterie serait rapide, puisque tout le monde serait intéressé à voir éteindre ce péage; c'est incontestable! Peut-être, le Gouvernement pensera-t-il qu'il y aurait avantage, pour détruire un contrat qui le lie jusqu'en 1921, à faire lui-même le rachat du pont, en acceptant toutes les ressources qu'on lui offrrait; sa part de contribution deviendrait plus faible s'il était obligé d'en donner une; de cette façon il n'aurait aucune chance d'indemnité à payer aux actionnaires, dans le cas d'interruption

du péage par le fait des causes prévues dans l'acte de concession.

Si cette proposition était faite au Gouvernement et que la loterie fût autorisée, il serait utile de faire une émission de billets plus forte, de manière à conserver une certaine somme nécessaire à marquer l'acte du Gouvernement actuel. Cette somme serait employée à l'acquisition de la statue équestre de Napoléon 1er qu'on placerait près du pont de pierres; cela donnerait la preuve du souvenir de reconnaissance que les populations de la Gironde conservent du grand homme qui eut l'idée première et qui la fit mettre à *exécution* : la construction d'un pont sur la Garonne dont le passage devait être *gratuit*, idée qui fut malheureusement détruite par la loi du 10 avril 1848, qui l'a jetée complétement dans l'oubli d'un siècle, (99 ans), au détriment de toute une population et du mouvement général des affaires.

Labastide, le 25 août 1858.

E. THÉRON Fils aîné,

EMPLOYÉ DU CHEMIN DE FER D'ORLÉANS.

PIÈCES JUSTIFICATIVES.

N°. 1.

Bercy, le 28 mai 1858.

Monsieur, j'ai reçu votre lettre du 26 et je m'empresse de vous transmettre les renseignements en ma possession. Nous n'avons point à Bercy de passerelle proprement dite ; à environ 1,300 m. en amont du pont de Bercy, se trouve le pont-viaduc du chemin de fer de ceinture, ayant double voie, dont l'une livrée aux piétons et aux voitures et l'autre aux convois du chemin de fer seulement. Le tablier du pont Napoléon, est partagé longitudinalement par une cloison en fonte, d'environ 2 mètres de hauteur, qui sépare les deux voies de telle sorte que les chevaux n'apercevant point les trains n'éprouvent jamais de frayeur et qu'il n'en peut résulter aucun accident ; il n'y a donc jamais lieu à interrompre la circulation.

Lors de la construction de ce pont, nous n'eûmes aucun démêlé avec le pont de Bercy, qui continue toujours la perception suivant le tarif ci-joint. Il ne pouvait du reste élever aucune opposition à une distance telle, à moins de conditions expresses dans la concession, interdisant toute construction sur un point plus rapproché que telle ou telle distance fixée.

Les communes de Bercy et de la gare d'Ivry, contribuèrent chacune pour une certaine somme pour obtenir l'élargissement du pont, devant d'abord être simple, pour ne livrer passage qu'aux convois. Une somme plus considérable encore fut exigée pour couvrir la dépense nécessitée, et devait se rembourser au moyen d'un péage ; mais par une gracieuseté de S. M. l'Empereur, qui ne voulut point qu'un pont portant son nom ne donnât point le passage gratuit, les riverains et le public furent affranchis du péage.

Je désire, Monsieur, que ces renseignements puissent vous suffire; il me serait difficile de vous en procurer d'autres.

Recevez l'expression de mes sentiments distingués.

Le Maire de Bercy,
AQUART.

N°. 2.

Ivry, le 10 août 1858.

Monsieur, le pont de service du chemin de fer de ceinture érigé entre la commune d'Ivry et celle de Bercy sous la dénomination de *Pont-Napoléon*, devait, dans son principe, n'être consacré qu'au service de la traction des wagons; c'est sur les instances des administrations municipales de ces deux communes qu'elles ont obtenu qu'une partie de sa largeur serait réservée à la circulation des piétons et des voitures. Elles n'ont obtenu cet avantage qu'au moyen d'une contribution de 250,000 fr., sur lesquels ces communes ont payé chacune 25,000 fr. : le surplus est demeuré à la charge du département.

Il devait être établi un péage pour rembourser à l'entrepreneur une queue de 200,000 fr.; mais *depuis quatre ans passés* que le pont est livré à la circulation, il n'a plus été question de ce péage; je ne sais s'il y aura à cet égard un rappel.

Il n'est jusqu'ici arrivé aucun *accident*; il est vrai qu'entre la voie publique et celle du chemin de fer il a été établi une cloison assez élevée pour ôter aux chevaux la vue des locomotives et des wagons; ils n'en entendent que le bruit, et cela a peu d'effet sur leur tranquilité.

Tels sont, Monsieur, les renseignements que je puis vous donner; je désire qu'ils soient de nature à vous satisfaire.

Agréez, Monsieur, mes salutations bien sincères.

Le maire d'Ivry,

Picard aîné.

Nota. — Le viaduc Napoléon n'a pas du tout anéanti le pont de Bercy, ni diminué les recettes. Ces deux ponts sont nécessaires tous les deux; quelque chose qui arrive, il est de toute nécessité qu'ils soient conservés.

C'est l'Etat qui a payé l'entrepreneur pour les 200,000 fr. qui lui étaient dûs; les communes n'ont donc aucun péage à redouter ni aucune réclamation à craindre. Ces renseignements ont été donnés par M. de Franqueville, chef des travaux publics au ministère. Il en serait de même à Bordeaux : en donnant 500,000 fr. pour la passerelle, l'Etat s'arrangerait de manière que cette somme pût suffire entièrement.

N°. 3.

Extrait du registre des délibérations du Conseil municipal de la ville de Bordeaux.

Séance du 13 Août 1853.

Aujourd'hui, treize août mil huit cent cinquante-trois, le conseil municipal de la ville de Bordeaux s'est réuni dans l'Hôtel-de-Ville, lieu ordinaire de ses séances, sous la présidence de M. Gautier aîné, maire.

Présents a la séance :

MM. Gautier aîné, maire; Noguey, Feytit, Samazeuilh, Fauré, du

Périer, Clémenceau, Basse, Brunet, Boudias, Cavaillon, Dumas junior, Valentin Dufourcq, Armand, Duffour-Dubergier, Alphand, Dubreuil, Cayrou, Lalande, Charropin, Duthil, Claverie, Collas, David, Lataste, Léon, Jaboneau, Dupont, Beaufils et Ferrière.

La séance est ouverte.

Au nom de la commission d'administration locale, M. Alphand fait un rapport verbal sur la proposition par lui faite dans la séance du 16 août courant, au sujet du rachat du péage du pont de Bordeaux.

Un membre pense que les contribuables de Bordeaux devant concourir à ce rachat par le budget départemental, il conviendrait de réduire le concours de la caisse municipale au cinquième au lieu du quart proposé par la commission.

D'autres membres insistent pour que la délibération à intervenir rappelle expressément le vote déjà émis pour l'annexion de La Bastide à Bordeaux.

Sur quoi :

Vu sa délibération en date du 13 décembre 1852, contenant un vœu pour le rachat du péage du pont de Bordeaux ;

Vu la lettre de M. le ministre des travaux publics en date du 24 janvier 1853, en réponse au vœu émis par le conseil ;

Vu le rapport présenté par M. Alexandre Léon, au nom des délégués du conseil municipal envoyés à Paris dans le mois de février 1853, et notamment les pages 12, 13, 14 et 15 de ce rapport, relatives au pont de Bordeaux ;

Vu la proposition déposée par l'un de ses membres dans la séance du 16 août dernier, tendant à obtenir le concours de la ville au rachat du péage du pont, au moyen d'une annuité payable pendant la durée de la concession ;

Après avoir entendu le rapporteur de la commission d'administration locale, à laquelle la proposition susvisée a été renvoyée ;

Considérant qu'il résulte de la lettre de M. le ministre des travaux publics du 24 janvier 1853, et du rapport des délégués du conseil municipal, que le gouvernement ne paraît pas disposé, dans la question du rachat du péage du pont de Bordeaux, à s'écarter de la règle qu'il s'est imposée, de n'entreprendre de grandes œuvres d'utilité publique qu'avec le concours des intérêts particuliers plus spécialement appelés à en profiter ;

Que dès lors le rachat du péage du pont ne peut être obtenu par la ville de Bordeaux, qu'à la condition de prendre à sa charge une partie de la dépense ;

Que la ville de Bordeaux, malgré les droits incontestables qu'elle aurait à obtenir le rachat du péage du pont sans le concours des finances municipales, doit se montrer reconnaissante des bienfaits qu'elle a déjà reçus du gouvernement actuel, en l'aidant dans une œuvre qui, si elle a un caractère d'utilité locale, doit être surtout très-profitable aux intérêts généraux du pays ;

Considérant que les motifs donnés dans la délibération du 13 décembre à l'appui du rachat du péage du pont, subsistent même dans l'hypothèse où la ville doit contribuer à ce rachat ; que, dès lors, le conseil municipal ne peut refuser le concours qui lui est demandé ;

Considérant que le principe posé par le gouvernement de faire contribuer les divers intéressés au rachat du pont, doit s'étendre à tous ceux qui profiteront du rachat, autant que possible, dans la proportion de leurs intérêts ;

Considérant qu'à ce titre, la part du gouvernement dans le rachat, doit être la plus considérable, attendu que le péage pèse actuellement sur toutes les communications entre le Nord et le Midi de la France, et qu'il deviendra avant peu un obstacle au transit qu'on espère établir entre l'Océan et l'Est de la France, la Suisse et l'Italie par le chemin de fer du Grand-Central, car le péage du pont charge inutilement le transport des personnes et des marchandises d'une taxe équivalente à celle d'un parcours de 30 kilomètres sur un chemin de fer ; que les entraves apportées à l'arrivée ou à la sortie des marchandises dans un port de l'importance de celui de Bordeaux, pèsent bien plus sur les intérêts généraux du pays que sur ceux de la ville où ce port est situé ;

Considérant que la compagnie du chemin de fer d'Orléans a un intérêt évident au rachat du péage du pont, attendu que l'obligation de subir ce péage pour aller prendre la gare de La Bastide, diminue le nombre des transports à petite distance si importants dans l'ensemble des opérations de voies de fer ; que d'ailleurs la Compagnie est obligée de supporter les frais de ce péage pour toutes les communications de son personnel et de son matériel avec la ville de Bordeaux sise sur une rive opposée à la gare ; que ces inconvénients ne disparaîtront pas complètement par la construction d'un second pont réunissant la gare des chemins de Paris à celles des chemins du Midi et du Grand-Central placées dans Bordeaux ; attendu que les nécessités de la navigation et du raccordement du niveau de ce pont avec les gares, exigent qu'il soit placé à plus de deux kilomètres de la gare de La Bastide, à une distance du centre de Bordeaux, qui en rendra l'usage impossible pour les communications autres que celles des convois de chemin de fer ; que la construction d'un second pont pour réunir les gares des chemins de fer partant de Bordeaux n'est pas décidée, et que ce pont ne sera pas établi avant plusieurs années, pendant lesquelles la compagnie d'Orléans aura à supporter toutes les charges directes ou indirectes que lui impose le péage du pont ; qu'ainsi elle est intéressée dans toutes les hypothèses à voir disparaître ce péage dans un bref délai ;

Considérant que le même intérêt existera, dans une moindre proportion à la vérité, pour les compagnies des chemins de fer du Midi et du Grand-Central, dès qu'elles auront une exploitation partant de Bordeaux ;

Considérant que les habitants des trois arrondissements les plus considérables du département ne peuvent se rendre au chef-lieu où les appellent leurs affaires, sans supporter les charges du péage du pont de Bordeaux ; qu'ainsi les habitants d'une partie très-importante du département de la Gironde, indépendamment de l'intérêt qu'ils doivent porter à tout ce qui est utile à Bordeaux, auquel ils doivent leur prospérité, ont un avantage direct et immédiat au rachat du péage du pont, qui motive suffisamment le concours du budget départemental à cette importante opération ;

Considérant qu'il résulte de ce qui précède que cinq intérêts divers doivent contribuer avec la ville de Bordeaux au rachat du péage du pont ; que si la part contributive de la ville dans ce concours doit être plus élevée que celle du département, elle doit évidemment être moindre que celle de l'Etat et que celle des compagnies réunies ; que dès lors la ville de Bordeaux donnera une preuve suffisante de son désir d'aider au rachat du péage du pont, en contribuant aux frais de ce rachat pour le quart de la dépense totale ;

Considérant, en ce qui touche le mode de rachat du péage, qu'il peut être plus facile pour l'Etat et pour les compagnies des chemins de fer de racheter le péage du pont, moyennant le paiement d'annuités à la compagnie concessionnaire du pont, qui ne peut d'ailleurs refuser le rachat de la concession ; que la Compagnie du pont de Bordeaux peut seulement, en cas de désaccord sur le chiffre ou les conditions du rachat, demander qu'il soit statué par une loi, ainsi qu'on a procédé, dans des circonstances parfaitement analogues, pour le rachat des actions de jouissance des canaux du Rhône au Rhin, du canal de Bourgogne et des Quatre-Canaux ;

Considérant, en ce qui concerne les charges que la contribution d'un quart à la dépense du rachat fera peser sur les finances municipales; que les revenus nets du pont, qui montaient à 200,000 fr. par an lors du vote du 13 décembre dernier, s'élèvent aujourd'hui à 230,000 fr. environ; que la Compagnie peut prévoir des recettes plus élevées pendant quelques années encore par suite de l'ouverture des chemins de fer du Midi, mais qu'elle doit également prévoir un abaissement considérable dans ses revenus lorsque les gares des chemins de fer seront réunies par un nouveau pont dont la construction est inévitable avant peu pour échapper aux charges du péage s'il n'est pas racheté ; que, toutefois, la garantie donnée par le gouvernement à la compagnie du pont au-dessus d'un minimum de recette de 190,000 fr., ne permet pas de fixer à un chiffre trop minime le prix du rachat à proposer à la compagnie, mais qu'il ne peut évidemment dépasser, pendant la durée de la concession, une annuité de 200 à 220,000 fr.; qu'ainsi la ville de Bordeaux aura à supporter une dépense annuelle de 50 à 55,000 fr. au plus dans le rachat du pont; que la situation de ses finances lui permet de prélever cette somme sur les excédents annuels des recettes ordinaires sur les dépenses obligatoires, sans recourir à des ressources extraordinaires ;

Considérant que tous les intéressés au rachat du péage du pont doivent offrir leur concours au Gouvernement, à l'exemple de la ville de Bordeaux, et qu'il importe dès lors de leur faire connaître le vote du Conseil municipal, en les invitant à s'associer à ses efforts pour obtenir la disparition d'une barrière nuisible au développement de nombreux intérêts ;

Le Conseil municipal de la ville de Bordeaux,

Délibère :

Art. 1er La ville de Bordeaux concourra, pour le quart de la dépense totale, au rachat du péage du pont de Bordeaux demandé au Gouvernement par la délibération du Conseil du 13 décembre 1852.

Art. 2. M. le maire est invité à transmettre une copie de la présente délibération au Conseil général de la Gironde, en lui demandant de faire contribuer le département au rachat du péage du pont.

Art. 3. M. le maire est prié de faire, auprès des représentants des Compagnies des chemins de fer d'Orléans, du Midi et du Grand-Central, les démarches nécessaires pour obtenir leur concours au rachat du péage du pont.

Art. 4. Le Conseil municipal appelle de nouveau l'attention du Gouvernement sur son vote du 13 décembre 1852, relatif à la réunion de la commune de La Bastide à Bordeaux qu'il considère comme une conséquence obligée du rachat du péage du pont.

Art. 5. La présente délibération sera adressée à M. le Préfet avec prière de la transmettre à M. le ministre des travaux publics, de l'agriculture et du commerce.

Fait et délibéré à Bordeaux, en l'Hôtel-de-Ville, le 31 août 1853.

Pour expédition conforme :

Le maire de Bordeaux,

Signé : A.-F. GAUTIER AÎNÉ.

N° 4.

Messieurs, dans votre séance du 10 de ce mois vous avez renvoyé à votre commission d'administration locale, l'examen de pétitions et autres documents ayant pour objet de demander au conseil municipal le vote d'une somme à déterminer, et par laquelle la ville contribuerait au paiement de la dépense qu'occasionnerait l'établissement d'une seconde voie à la passerelle bientôt en cours d'exécution pour le passage gratuit des piétons, des chevaux et des voitures.

Votre commission, Messieurs, a pensé, à l'unanimité, qu'il n'y avait lieu pour la ville de contribuer à cette dépense par les raisons que je vais indiquer. Sur quoi :

Vu les lettres de M. le Préfet de la Gironde, des 11 décembre 1857 et 26 mars 1858, par lesquelles ce fonctionnaire transmet à M. le Maire des délibérations du conseil municipal de Floirac et d'autres documents particuliers, sur lesquels les habitants de Bordeaux et des différentes communes riveraines de la Garonne demandent que le pont à construire sur le fleuve, pour la jonction des chemins de fer d'Orléans et du Midi, soit disposé de manière à comprendre une seconde voie pour le passage gratuit des piétons, chevaux et voitures ;

Vu lesdites délibérations et autres pièces ;

Considérant que, par sa lettre du 26 mars dernier, M. le Préfet annonce à M. le maire qu'il résulte d'une dépêche de S. Exc. le ministre des travaux publics, du 20 du même mois, que l'administration supérieure serait disposée à donner suite à la demande sus-visée, pourvu que les localités intéressées s'engageassent à supporter le surcroît de dépense qui résulterait de cette construction supplémentaire ;

Considérant que M. le Préfet invite M. le Maire à soumettre immédiatement cette question au conseil municipal, en l'invitant à faire connaître dans quelle proportion la ville consentirait à contribuer à la dépense ;

Considérant que la ville de Bordeaux ne peut, sous aucun rapport, contribuer à la dépense dont il s'agit ;

Qu'en effet :

La passerelle ne serait d'aucune utilité pour les habitants de Bordeaux : 1° à cause de son éloignement et des craintes peut-être fondées de passer en voiture sur cette passerelle dans de certains moments ; 2° à cause de la proximité du pont de Bordeaux et de la parfaite sécurité qu'il inspire ;

Considérant d'autre part, que par plusieurs délibérations successives le conseil municipal de Bordeaux a reconnu et proclamé les avantages qu'il y aurait pour la ville à la gratuité du passage de ce pont ;

Qu'il s'agit ici d'un intérêt réel, général ;

Que le moyen de parvenir à l'affranchissement consiste dans le rachat du péage ;

Que le conseil municipal de Bordeaux, par des motifs graves, a décidé que la ville devait contribuer pour un quart à la dépense que nécessitera le rachat et a réglé le mode qui doit être suivi pour l'acquittement de cette contribution ;

Considérant que les motifs qui ont déterminé les précédentes résolution ont acquis une nouvelle force par les faits qui se sont accomplis depuis ; d'où il suit que le conseil municipal doit persister dans ces résolutions, qu'il se mettrait en quelque sorte en contradiction avec lui-même s'il concourait à l'établissement d'une voie gratuite sur la passerelle ;

Que le conseil municipal, dans un intérêt général bien entendu, doit faire tous ses efforts pour l'affranchissement du pont sans lequel l'annexion de La Bastide à Bordeaux si souvent jugée nécessaire ne peut avoir lieu.

Ouï le rapport fait au nom de sa commission d'administration locale, et en adoptant les motifs et les conclusions,

Le conseil municipal délibère :

La ville de Bordeaux ne peut contribuer à la dépense qui résulterait de l'établissement d'une seconde voie pour le passage gratuit des piétons, des chevaux et des voitures, sur la passerelle destinée à opérer la jonction des chemins de fer d'Orléans et du Midi.

Fait et délibéré le 31 mai 1858. BOUDIAS.

www.ingramcontent.com/pod-product-compliance
Lightning Source LLC
Chambersburg PA
CBHW060557050426
42451CB00011B/1956